AF383544

Récompense des enfans sages.

ALBUM
DU JEUNE VOYAGEUR

CONTENANT

CE QU'IL Y A DE PLUS CURIEUX

DANS LES CINQ PARTIES DU MONDE.

ORNÉ

DE 24 GRAVURES.

PARIS.

J. LANGLUMÉ, LIBRAIRE.

RUE DU FOIN-SAINT-JACQUES, 11.

SAINT-DENIS. — IMPRIMERIE DE PRÉVOT ET DROUARD.

Trombe Marine

TROMBE MARINE.

Il y a des trombes marines et des trombes terrestres; elles sont produites par la même cause, c'est-à-dire par l'électricité.

Quand vous serez plus avancés dans vos études, mes chers amis, vous apprendrez la physique, science qui vous fera connaître la cause de ce phénomène, ainsi que celle d'une foule de faits qui se passent journellement sous vos yeux, tels que la pluie, le vent, l'orage, la grêle, etc. En attendant, voici ce qu'on entend par une trombe marine.

C'est une colonne de vapeur qui s'élève de la mer aux nuages, et dans laquelle les eaux, pompées avec force, s'élancent à une grande hauteur pour retomber ensuite en masse ou sous la forme d'une grande pluie.

Les navigateurs redoutent beaucoup les trombes, parce que le vaisseau qui les rencontre court le risque d'être submergé. Aussi cherchent-ils à les rompre de loin à coups de canon.

La trombe que vous voyez dans notre gravure a la forme d'un cône renversé. Sa tête se confond avec les nuages. Le vent l'entraîne; elle s'avance avec rapidité du côté du vaisseau. Des quantités énormes d'eau s'élèvent en sifflant jusque dans les nuages. L'eau de la mer qui touche à la partie inférieure du cylindre semble être en ébullition, et monte en gerbe écumante. Le capitaine du navire, qui voit le danger s'approcher, fait tirer des coups de canon sur la trombe. Plus loin est un navire submergé par une autre trombe.

Le tourbillon de vapeurs qui forme une trombe s'avance avec tant de force et de rapidité, qu'on l'a vu transporter des barques de pêcheurs à travers l'air et les déposer sur la terre, à une grande distance du rivage.

Le Condor

LE CONDOR.

Le condor est le plus grand des oiseaux de proie. On le range dans la famille des vautours. Il se trouve dans l'Amérique méridionale, et particulièrement au Pérou, où il habite les hautes montagnes appelées *Cordillières*. Cet oiseau construit son nid sur les pointes élevées des rochers, avec des branches et des racines d'arbre qu'il entrelace fortement. Ce nid, beaucoup plus haut qu'un homme, a une forme cylindrique.

Le condor se nourrit principalement de proie vivante. Il enlève de petits quadrupèdes. On l'a même vu quelquefois se jeter sur un troupeau de moutons, en saisir un avec ses puissantes serres, et le transporter dans son nid.

Les ailes des plus grands condors ont jusqu'à quatre mètres d'envergure, c'est-à-dire que, lorsqu'elles sont étendues, on compte cette distance d'une pointe à l'autre.

On voit un condor vivant, mais d'une petite espèce, au Jardin-des-Plantes, à Paris.

Vaisseau lancé à la Mer.

VAISSEAU LANCÉ A LA MER.

C'est un beau spectacle que celui d'un vaisseau lancé à la mer.

Dans quelques ports , on construit les vaisseaux dans des cales, espèces de bassins où l'on fait entrer l'eau de la mer lorsque le bâtiment est achevé, en sorte qu'il se trouve naturellement à flot, mais, dans d'autres ports, on les construit dans des chantiers, ce qui oblige de les lancer à la mer. La quille du vaisseau repose sur une suite de longues et fortes pièces de charpente disposées en plan incliné, et qui se prolongent jusqu'à l'eau. Le vaisseau est terminé ; mais il n'a pas encore ses mâts, que l'on ne met en place que lorsqu'il sera lancé. Voici l'énorme masse qui va s'ébranler, car on a ôté les uns après les autres les étais ou béquilles qui la soutiennent à droite et à gauche. Le vaisseau, en équilibre sur sa quille, n'est plus retenu que par un câble énorme. Autrefois, le bâtiment était arrêté par une cale qu'un forçat devait enlever. Cette dangereuse mission lui valait sa grâce, car elle pouvait lui coûter la vie ; mais aujourd'hui un câble a remplacé le coin de bois.

Le câble vient d'être tranché d'un coup de hache, voici le vaisseau libre. Il reste un moment immobile, comme incertain ; cependant il s'ébranle en oscillant à droite et à gauche ; peu à peu, son mouvement s'accélère. On entend craquer ses membrures ; puis enfin il court, il vole ; les charpentes bien savonnées sur lesquelles il glisse fument et paraissent prêtes à s'enflammer. Enfin, le vaisseau arrive à l'eau ; il y plonge son avant en faisant jaillir des flots d'écume, ensuite il se relève légèrement sur la surface de l'eau, dans laquelle, privé de lest, il s'enfonce à peine.

Chasse aux bœufs sauvages.

CHASSE AUX BŒUFS SAUVAGES.

Les vastes plaines du Chili et du Paraguay nourrissent un nombre prodigieux de bœufs et de chevaux sauvages, qui paissent en liberté dans ces déserts.

La manière dont les gauchos (1) s'emparent de ces animaux est très curieuse. Monté sur un cheval rapide, le chasseur tient à la main un *lasso*, longue lanière de cuir de bœuf, terminée par une boule d'airain. L'autre bout de la courroie est fixé à la selle du cheval. Le gauchos

(1) On donne ce nom aux créoles qui habitent hors des villes.

1.

s'approche avec précaution du bœuf ou du cheval qu'il convoite, et après avoir fait tournoyer le lasso autour de sa tête, il le lance avec force ; l'extrémité de la courroie , entraînée par la boule de métal, va s'entortiller autour des jambes de l'animal, qui chancelle et tombe.

Le gauchos lance le lasso avec tant d'adresse, qu'il atteint telle partie de l'animal qu'il a désignée d'avance. Il ne craint même pas d'attaquer le jaguar. Ce terrible animal, enlacé par le cou, entraîné par la course rapide du cheval, est bientôt étranglé.

Le Mont St Bernard .

LE MONT SAINT-BERNARD.

Le mont Saint-Bernard est un passage célèbre qui conduit de France en Italie. Sur cette montagne, dans un site désolé, privé de végétation, au milieu des neiges éternelles, s'élèvent un couvent et un hospice fondés par saint Bernard de Menthon. Les religieux qui habitent cette horrible solitude, séjour des tempêtes et d'un hiver perpétuel, ont pour mission de secourir les voyageurs.

Les personnes qui traversent le Saint-Bernard sont fréquemment surprises, dans ces hautes régions, par des ouragans mêlés d'une neige si épaisse qu'elle leur dérobe la vue de tous les objets environnants.

Alors le voyageur marche au hasard , heureux s'il ne se dirige pas vers un abîme. Quelquefois, saisi par le froid et par le découragement, il s'arrête ; repos dangereux qui peut le conduire à la mort, surtout s'il cède au sommeil que produit toujours un froid excessif. D'autres fois, des neiges, roulant des cimes plus élevées, viennent l'ensevelir tout vivant.

Oh ! combien le passager égaré est heureux lorsqu'il entend dans le lointain le tintement de la cloche du couvent, qu'on ne manque jamais de sonner durant les tempêtes ! Il sait alors où diriger ses pas ; mais le bruit de l'ouragan le prive souvent de ce secours.

Cependant, la Providence veille encore sur lui ; le couvent entretient de grands chiens d'une race particulière. Ces animaux intelligents sont envoyés à la découverte. Ils ont bientôt deviné le voyageur enseveli sous la neige, et parviennent souvent à dégager le malheureux engourdi et à demi asphyxié. Une bouteille remplie d'une liqueur cordiale est attachée à leur cou. Si le voyageur peut les suivre, ils le guident jusqu'au couvent. Dans le cas contraire, ils y reviennent en toute hâte, comme pour chercher du renfort. Les domestiques de l'hospice, un des pères à leur tête, courent sur le lieu du sinistre, et le voyageur, transporté au couvent, reçoit les soins les plus empressés.

Pendant les tempêtes, les domestiques de l'hospice, et même les religieux, font de nombreuses excursions. Il sont toujours accompagnés d'un chien dont l'admirable instinct doit les guider. Lorsque ces excursions ont lieu pendant la nuit, le chien les précède en portant à sa gueule un bâton garni de deux lanternes.

La mission de ces bons religieux est un miracle de la religion, car la charité chrétienne peut seule inspirer le courage nécessaire pour passer sa vie dans l'affreuse solitude du Saint-Bernard.

LE MONT ETNA.

Cette montagne, la plus haute de la Sicile, s'appelle aussi le *mont Gibel*. Elle a trois mille trois cents mètres de hauteur et huit myriamètres de circonférence. C'est l'un des plus terribles volcans de l'Europe. Ses irruptions sont assez fréquentes; il lance continuellement des jets de fumée, et fait entendre des bruits souterrains.

Le Mont Etna .

L'Aérostat

L'AÉROSTAT.

De toutes les découvertes faites dans les temps modernes, ce fut l'ascension des aérostats qui causa le plus de surprise. On admirait en même temps l'intrépidité des hommes qui osèrent les premiers s'élancer dans les hautes régions de l'air, et naviguer au-dessus des nuages.

Le célèbre Montgolfier, fabricant d'Annonay, fit élever le premier aérostat le 5 juin 1783. L'enveloppe, du poids de 250 kilogrammes, avait la forme d'un globe, et une capacité de 810 mètres cubes. Elle était en toile doublée de papier. A la partie inférieure du ballon, était une large ouverture au-dessous de laquelle on avait allumé un feu de paille très vif. L'air, dilaté par la chaleur montant dans le ballon, le gonfla très promptement ; on lâcha alors les cordes qui le retenaient, et il s'éleva rapidement dans les airs.

Dès ce moment, les physiciens pensèrent que l'homme pourrait profiter de ce moyen pour naviguer dans la région des nuages. Pilatre-Desrosiers et d'Arlandes tentèrent les premiers cette audacieuse entreprise.

Partis du château de la Muette, au bois de Boulogne, ils s'élevèrent à mille mètres, traversèrent Paris stupéfait de ce voyage extraordinaire, et allèrent descendre à 8 kilomètres du point de départ.

Mais on s'aperçut bientôt que cette espèce d'aérostat, nommé *Montgolfière*, du nom de son inventeur, présentait beaucoup de dangers. Non-seulement le ballon devait être d'une grandeur énorme, mais encore on devait s'embarquer avec l'amas de combustibles nécessaires pour alimenter le feu et tenir le ballon gonflé. De plus, il était à craindre que le feu prît soit à ces combustibles, soit au ballon lui-même, et que l'aérostat enflammé ne tombât sur des granges ou sur d'autres édifices.

M. Charles imagina donc de remplacer l'air dilaté par l'air inflammable, qui n'est autre chose que le *gaz hydrogène*, qui sert aujourd'hui à l'éclairage. Ce gaz, quinze fois plus léger que l'air qui nous environne, était renfermé dans une enveloppe de taffetas imperméable. Le 1er décembre 1783, MM. Charles et Robert s'élevèrent dans ce nouvel aérostat, et firent 36 kilomètres en deux heures.

Parmi les voyages mémorables qui ont eu lieu depuis ce temps, on peut citer celui de M. Gay-Lussac, qui s'est élevé à 7,000 mètres, la plus grande hauteur où l'homme soit parvenu, et celui de M. Green, qui, parti de Londres, traversa la mer, une partie de la France, la Belgique, le Rhin, et alla descendre au milieu de l'Allemagne, après avoir fait 154 myriamètres en 24 heures.

CHASSE AU TIGRE.

Les tigres sont très nombreux et causent beaucoup de ravages dans l'Hindoustan. Leur taille est énorme et leur force assez grande pour qu'ils puissent entraîner le cheval ou le bœuf qu'ils viennent d'étrangler, sans que leur course soit sensiblement ralentie. Cependant, on voit des Hindous, armés d'un simple coutelas et d'un bouclier, attaquer ces redoutables animaux et en triompher.

Voici la description que donne un voyageur de cette dangereuse chasse. L'Hindou était entièrement nu, sauf un caleçon de toile, descendant à mi-cuisses. Arrivé vis-à-vis du tigre qui dormait, couché au

La chasse au Tigre

Paris, Langlume edit. 17, r. du Foin S.t Jacques

soleil , dans le fond d'un ravin, il poussa un cri aigu. Le tigre, réveillé,
se dressa sur ses pattes de devant avec un rugissement terrible. Comme
l'Indien continuait à s'avancer, tenant ses yeux fixés sur lui, le tigre se
leva de toute sa hauteur et commença à battre avec furie ses flancs de sa
queue. Son inquiétude et sa rage croissaient à chaque pas de l'homme ;
à la fin, il se baissa à plat ventre pour prendre son élan. Soudain
l'homme s'arrête immobile, le tigre en fait autant, lève la tête, pousse
un sourd et affreux hurlement, fait un pas en avant, et s'élance contre
sa proie. Mais l'Hindou alerte, pliant les reins, reçoit sur son bouclier
les pattes de la bête furieuse, lui fend le ventre avec son coutelas, et ,
passant sous elle, va tomber loin de sa portée. Prompt comme l'éclair,
l'homme se remet sur pied, et frappe le tigre d'un coup mortel qui lui
ouvre la trachée-artère, et s'élance ensuite hors des atteintes du monstre,
qui mourut sur-le-champ. Le chasseur victorieux dépouilla en un clin
d'œil son ennemi de sa peau, et revint à la ville, chargé de ces glorieu-
ses dépouilles.

L'OURS BLANC.

L'ours blanc habite des contrées où règne un froid excessif et où la mer est presque toujours couverte de glaces. Il se nourrit de poissons, de phoques et d'oiseaux aquatiques. Quand la pâture lui manque dans un endroit, il s'embarque sur un glaçon et va chercher plus loin une proie. Il n'est pas rare de rencontrer en pleine mer des ours que les vents ont éloignés du rivage.

Lorsque l'ours blanc est affamé, il devient extrêmement dangereux par sa férocité et par sa force. Les matelots, obligés d'hiverner au Spitzberg, dans la Nouvelle-Zemble ou au Groenland, sont fréquem-

L'Ours blanc.

ment attaqués par des ours blancs. Ces animaux , poussés par la faim, font le siége de leurs habitations sans se laisser intimider par le bruit des armes à feu.

LES HABITANTS DES LANDES.

On appelle Landes un grand espace de terrein qui s'étend le long de l'Océan, entre Bordeaux et Bayonne. Une partie de cette contrée forme le département des Landes. Le sol de ce pays est aride et sablonneux. Il ne produit pas de moissons. On n'y trouve que des forêts de pins, des bruyères et quelques maigres pâturages.

Si vous parcourez ce triste pays, vous y rencontrerez des bergers et bergères élevés sur de hautes échasses et couverts de peaux de moutons. Si on ajoute à ce bizarre accoutrement un langage incompréhensible,

Les habitants des Landes.

un sol inculte, de tristes forêts de pins ou bien un tapis de bruyères étendu à perte de vue, une nature humaine maigre, hâve, décolorée, d'une taille au-dessous de la moyenne, des moutons petits, des chevaux petits, de petites charrettes traînées par de petits bœufs, vous aurez une idée des Landes de la Gascogne.

Les échasses sont très utiles aux habitants des Landes, parce qu'elles leur donnent le moyen de franchir des flaques d'eau croupissantes ou des mares d'un ou deux pieds de profondeur, dont le pays est rempli. D'ailleurs, le berger, élevé de toute sa hauteur au-dessus des taillis qui le masqueraient, veille plus facilement sur son troupeau dispersé au milieu des bruyères. A l'aide de leurs échasses, les Landais franchissent promptement des distances considérables; en marchant au pas, ils dépassent un cheval au trot. Lorsque l'impératrice Marie-Louise fit un voyage à Bayonne, les autorités, par manière de galanterie, firent courir auprès de sa voiture, pendant quelques heures, une escorte de Landais montés sur leurs échasses, et, quelque diligence que fît la princesse, les piétons, si on peut leur donner ce nom, se conservèrent toujours à côté des chevaux.

La seule distraction du berger des Landes est de tricoter ou de filer au fuseau avec la quenouille à la ceinture. C'est ainsi qu'ils passent leur vie; mal nourris, buvant de mauvaise eau, ils vieillissent rapidement, et arrivent rarement à l'âge de soixante ans.

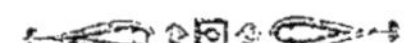

Chasse aux cerfs par les Indiens.

CHASSE AUX CERFS, PAR LES INDIENS.

Les Indiens qui habitent les parties encore sauvages de l'Amérique septentrionale ne vivent, en général, que des produits de leur chasse. Ils se nourrissent de la chair de l'élan, du bison, du cerf, et de celle de plusieurs autres animaux qui fréquentent leurs vastes forêts. La guerre continuelle que les Indiens font aux bêtes fauves les a rendues fort défiantes : aussi est-il difficile de les approcher assez pour les tuer, surtout lorsque le chasseur n'a d'autres armes que l'arc et les flèches. Il a donc recours à un moyen fort ingénieux : il s'affuble de la peau de l'un de ces animaux, cerf, élan, ou bison, et, ainsi déguisé et marchant courbé,

2

il se glisse au milieu d'un troupeau de bêtes fauves sans les effaroucher, et là il choisit tranquillement sa victime.

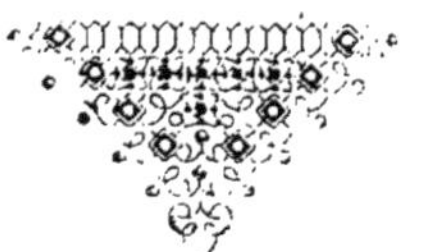

Prise d'un Requin.

PRISE D'UN REQUIN.

Le requin, grand poisson de mer, qui atteint souvent quatre ou cinq mètres de longueur, est l'ennemi naturel des matelots. Qu'un novice du bord, chargé de faire dessaler la viande ou la morue qui doit faire le dîner de l'équipage, la mette tremper à la mer dans un filet, un requin passe et engloutit viande, corde et filet. Qu'un matelot, après avoir soigneusement savonné ses vêtements de rechange, les lance à la mer, solidement attachés à une corde, pour les rincer, le requin est encore là; le pauvre matelot tout stupéfait ne retire plus qu'un bout de corde; le monstre a tout avalé ! Ajoutez que, dans les parages infestés par les requins, d'imprudents nageurs deviennent souvent leur proie.

Les requins, attirés par les immondices et les débris de cuisine qu'on jette à la mer, suivent ordinairement les navires. C'est une fête parmi les matelots lorsqu'ils en aperçoivent un. Vite, on jette à la mer l'émérillon, gros hameçon garni d'un morceau de lard et attaché avec une chaîne. Le requin s'approche et se retourne sur le dos, l'émérillon, le lard et une partie de la chaîne disparaissent dans son énorme gueule, que garnissent plusieurs rangs de dents tranchantes et aiguës. Mais l'hameçon a pénétré dans l'œsophage; le requin fait des bonds furieux, il essaie en vain de plonger et de fuir; le solide cordage le retient, et bientôt il est hissé à bord; alors, il se débat d'une manière furieuse, il se tord, il frappe avec violence le pont de sa queue, dont un seul coup briserait le membres de l'imprudent qui s'en approcherait. Enfin, ses forces s'affaiblissent; alors, le charpentier du vaisseau s'approche, et la redoutable queue est coupée d'un seul coup de hache. Le monstre est ensuite éventré, et ses restes sont jetés à la mer, car on ne mange pas la chair coriace du requin.

Le Narwal, ou Licorne de Mer.

LE NARWAL OU LICORNE DE MER.

Ce grand cétacé, qui est voisin des baleines et des cachalots, se trouve dans les mers du Groenland et de l'Islande. Il se nourrit de mollusques et de petits poissons ; il n'a point de dents, mais il est armé d'une corne longue et aiguë, semblable à de l'ivoire, et qui lui a mérité le nom d'*espadon*. Le narwal atteint jusqu'à cinq mètres de longueur. Les Groenlandais lui font une guerre active. Leurs canots, formés avec des peaux de phoques étendues sur une charpente légère, faite de côtes de poissons, sont entièrement fermés en dessus. Une ouverture de la peau embrasse le corps du Groenlandais, qui porte un vêtement imperméable, fabriqué avec des intestins de poissons. Dans ce léger canot où l'eau ne peut pénétrer, il brave la mer la plus furieuse, bien mieux que ne le ferait le plus grand navire.

Les Morses ou Vaches Marines .

LES MORSES OU VACHES MARINES.

Ce sont des animaux amphibies, qui habitent les mers glaciales. Leurs pieds sont remplacés par quatre nageoires. Leur bouche est armée de deux fortes dents recourbées en forme de défenses. Ils s'en servent, ainsi que de leurs nageoires, pour se traîner sur la glace ou sur le rivage de la mer.

Quoique le morse soit de la taille d'un bœuf, il est naturellement inoffensif ; cependant les pêcheurs lui font la guerre pour avoir sa graisse et ses défenses, qui sont du plus bel ivoire. Sa chair, dure et coriace, n'est pas mangeable.

Ces animaux ne manquent pas de courage, ils se défendent mutuelle-
ment. Un morse femelle ayant été blessé, son petit l'aida à se traîner jusque sur un glaçon, puis il revint attaquer avec fureur la chaloupe d'où.
était parti le coup de fusil qui avait atteint sa mère. Plusieurs autres
morses se joignirent à lui. Avec leurs défenses, ils cherchaient à déchi-
rer le bordage de la chaloupe et à la faire chavirer. Ils y fussent certaine-
ment parvenus, si les matelots ne les eussent écartés à coups de hache et
de lance, et en les tuant à coups de fusil.

Le Naufrage .

Les Naufragés.

LE NAUFRAGE.

Notre gravure représente une scène de naufrage sur les côtes de l'une des nombreuses îles de la Polynésie. Rien de plus terrible que la situation de ces infortunés que vous voyez lutter contre les flots. Un rivage inhospitalier les attend. Peut-être regretteront-ils la mort qu'ils n'ont pas trouvée au sein des flots.

LES NAUFRAGÉS.

Cette scène nous présente les naufragés au moment où, parvenus à gagner la terre, ils se croient hors de péril, mais l'île où ils se trouvent

2.

est habitée par une tribu sauvage et féroce. Loin de trouver des secours, les malheureux naufragés sont dépouillés et maltraités. On ne leur conserve même la vie que dans l'espoir de les utiliser comme esclaves.

Un grand nombre d'îles de la cinquième partie du monde sont habitées par des peuplades encore plongées dans la barbarie ; plusieurs sont même anthropophages.

Cependant, il en est qui ont atteint un degré extraordinaire de civilisation : telles sont les îles *Sandwich*, qui étaient barbares à l'époque où le capitaine Cook y fut tué, et qui aujourd'hui sont plus civilisées que beaucoup de cantons de l'Europe.

Le Mirage.

LE MIRAGE.

Le phénomène du mirage n'a lieu que lorsque le ciel est couvert de
vapeurs épaisses et disposées de manière à réfléchir, comme le ferait un
miroir ou la surface d'un étang, les objets lointains. On a vu, par exem-
ple, des édifices éloignés de plus de dix lieues et invisibles au point où
l'on se trouve, devenir visibles et se reproduire dans le ciel avec tous
leurs détails.

Le 20 septembre 1835, les habitants voisins de l'Agar, l'une des col-
lines du Mendio, en Angleterre, aperçurent vers les cinq heures du soir,
dans le ciel, qui était couvert de vapeurs assez épaisses, un immense

corps de troupes à cheval qui semblait défiler, tantôt au pas, tantôt au grand trot. Les cavaliers, le sabre en main, étaient tous uniformément équipés, et l'on distinguait jusqu'aux brides et étriers. Ce spectacle dura jusqu'au moment où l'obscurité vint confondre les objets. Les bons villageois, frappés de terreur, songeaient déjà à abandonner leurs chaumières et à prendre la fuite. Quoi qu'il en soit, on ignore où se trouvaient les objets mirés.

Le Cachalot .

LE CACHALOT.

Le cachalot n'est pas moins grand que la baleine, mais il en diffère par deux rangées de fortes dents qui manquent à celle-ci. Dès qu'un de ces animaux est signalé sur le navire baleinier, les pêcheurs s'élancent dans la pirogue qui flottte à l'arrière du vaisseau. Ils s'approchent à force de rames du gigantesque cétacé; le plus adroit et le plus exercé d'entre eux lance le harpon, à l'extrémité duquel est attaché un long cordage. Le cachalot, qui se sent blessé, plonge rapidement, entraînant avec lui le cordage attaché au harpon et qu'on a soin de filer à mesure que l'animal s'enfonce; mais bientôt, forcé de respirer, il remonte à la surface de la mer. On lui fait alors de nouvelles blessures. Le cachalot se débat, il frappe la mer avec violence de sa puissante queue. Malheur à la pirogue, si elle en est atteinte, car elle sera brisée en mille pièces. Cependant l'animal est blessé à mort, car l'eau qu'il rejette par ses évents forme une cascade sanglante. On suit ses mouvements en se tenant à une distance respectueuse, et, lorsqu'il a cessé de vivre, on l'attache au flanc du navire et on le dépèce pour en tirer la graisse.

Aurore Boréale

AURORE BORÉALE.

L'aurore boréale est un phénomène que nous voyons quelquefois dans le pays que nous habitons, mais il est bien plus fréquent et plus beau dans les contrées septentrionales, telles que le Groenland, l'Islande et la Laponie. Il se présente ordinairement sous la forme d'un grand arc lumineux, qui s'étend dans le ciel du côté du nord. Souvent cet arc lumineux lance, dans tout son contour, de brillants jets d'une lumière rouge, d'autres fois il est divisé par une bande obscure en deux parties également brillantes. Enfin l'aurore boréale prend toutes sortes de formes, et ces formes varient d'un moment à l'autre.

Dans notre pays, l'aurore boréale se réduit ordinairement à une simple lueur qu'on prendrait facilement pour la réverbération d'un incendie lointain ; mais, dans les pays septentrionaux que nous venons de citer, elle est assez brillante pour remplacer presque la lumière du soleil couchant.

Ne reconnaissez-vous pas là, mes chers enfants, un des bienfaits de la divine Providence envers les pauvres habitants de ces pays où le soleil, pendant l'hiver, ne paraît pas de plusieurs mois sur l'horizon ?

Chasse de la Gazelle, au Guépard.

CHASSE DE LA GAZELLE, AU GUÉPARD.

Le guépard est un animal de la même famille que le lion et le tigre, c'est-à-dire de la famille des chats. Cependant il n'a point d'ongles rétractiles ou rentrants comme le chat ; ses ongles sont disposés comme ceux du chien. Sa couleur est d'un fauve brillant marqueté de taches noires. Il est de la taille d'un dogue. Son naturel, bien moins féroce que celui des autres animaux de la même famille, et sa docilité permettent de le dresser pour la chasse des gazelles. Le chasseur arabe, monté sur un rapide dromadaire, tient le guépard devant lui. Lorsqu'il aperçoit un troupeau de gazelles, il ôte le chaperon dont il avait couvert les yeux de l'animal, qui, en quelques bonds, s'est élancé sur une gazelle.

Les gazelles sont très communes en Afrique. Il y en a de plusieurs espèces. Ces jolis animaux ont quelques rapports avec le cerf, mais ils sont d'une taille plus svelte et plus gracieuse. Ils s'apprivoisent facilement; on en voit souvent dans l'intérieur des habitations arabes.

Les Loups.

LES LOUPS.

Les immenses forêts du nord de l'Europe sont infestées par des bandes nombreuses de loups. Lorsque l'hiver les force à sortir de leurs retraites pour chercher une proie, ils se répandent jusque dans les plaines environnantes, et malheur aux voyageurs qui les rencontrent: toute la vitesse de leurs chevaux ne peut les sauver.

La gravure ci-jointe représente deux soldats français. Ils sont attaqués par une bande de loups sortis des forêts de la Lithuanie. Armés de fusils, ils ont déjà abattu quelques-uns de ces monstres affamés, qui sont devenus la proie des autres, car ce proverbe que : Les loups ne se mangent pas, manque d'exactitude : le loup blessé est toujours dévoré par ses camarades. Malgré l'espèce de répit que cela leur procure, il est à craindre que les pauvres soldats ne tardent pas à succomber, malgré leur héroïque courage, car le nombre de loups s'accroît sans cesse, et leurs munitions vont s'épuiser. Ils attendront alors leurs ennemis la baïonnette en avant ou le sabre à la main.

Heureusement des coups de feu se font entendre dans le lointain. Une troupe nombreuse de chasseurs et de chiens débouche de la forêt. Les loups s'arrêtent, écoutent, ils vont prendre la fuite, et les deux braves sont sauvés.

Chûte du Niagara

CHUTE DU NIAGARA.

On appelle Niagara une partie du fleuve Saint-Laurent, entre le lac
Érié et le lac Ontario, dans l'Amérique septentrionale. Ce fleuve se pré-
cipite tout entier d'une hauteur de cinquante mètres , avec un bruit
épouvantable que l'on entend à douze kilomètres de distance.

Cette chute offre l'un des plus beaux spectacles qu'il soit possible de
voir. L'immense masse d'eau du fleuve fait rejaillir en tombant une
sorte de pluie ou brouillard épais qui reflète, lorsque le soleil frappe
dessus, toutes les couleurs de l'arc-en-ciel.

Il est arrivé plusieurs fois que de malheureux Indiens qui naviguaient sur la partie supérieure du fleuve, s'étant endormis dans leur canot, ont suivi le courant de l'eau jusqu'au moment où, réveillés par l'effroyable bruit de la chute, ils ont vu la mort en face d'eux ; alors, saisissant leurs rames, ils s'efforcent d'échapper au danger; mais le Niagara, de plus en plus rapide , à mesure qu'on s'approche de la chute, les entraîne avec la vitesse d'une flèche, et ils sont précipités avec leur embarcation dans un abîme dont nul n'est sorti vivant.

L'Avalanche.

L'AVALANCHE.

On appelle avalanche une masse de neige qui se détache de quelque haute montagne des Alpes ou des Pyrénées, et qui roule avec un bruit effrayant le long de ses flancs en se grossissant sans cesse, jusqu'au moment où elle tombe dans la vallée.

Une avalanche peut engloutir un village tout entier, en écrasant les maisons, les églises, et en faisant périr sous sa masse immense les habitants et leurs bestiaux. Quelquefois ces avalanches, tombant dans le lit d'une rivière ou d'un torrent qui coule dans le fond de la vallée, en ar-

rêtent les eaux, et causent des inondations, lorsque ces mêmes eaux rete-
nues rompent leur barrière.

Le déplacement seul de l'air causé par la chute d'une avalanche suffit
pour renverser une chaumière et pour en disperser les matériaux.

Quand on traverse des vallées sujettes aux avalanches, il faut se garder
de faire du bruit, de parler trop haut : l'ébranlement de l'air seul peut
déterminer la chute des neiges. Ces masses, peu considérables au sommet
de la montagne, finissent, en roulant avec le bruit du tonnerre sur ses
flancs neigeux, par être vingt fois plus grosses qu'une maison.

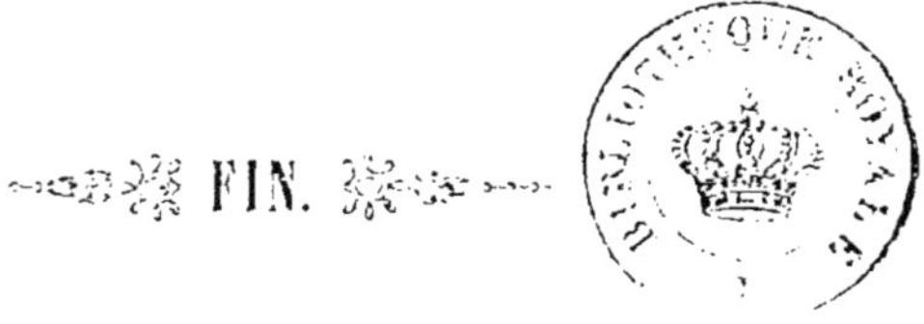

FIN.

9 782014 429060